Bibliografische Information der Deutschen Nationalbibliothek:

Die Deutsche Bibliothek verzeichnet diese Publikation in der Deutschen Nationalbibliografie; detaillierte bibliografische Daten sind im Internet über http://dnb.d-nb.de/ abrufbar.

Impressum:

Druck und Bindung: Books on Demand GmbH, Norderstedt Germany
ISBN: 978-3-668-12947-4

Dieses Buch bei GRIN:

http://www.grin.com/de/e-book/313341/kreative-kompetenz-in-der-kindertageseinrichtung-kunst-kultur-oder-mehr

Anke Jendahl

Kreative Kompetenz in der Kindertageseinrichtung. Kunst, Kultur oder mehr?

Zur Bedeutung von Kreativität im pädagogischen Umfeld

GRIN Verlag

■ Hausarbeit
zum Modul V: Übergreifende Qualifikationen
für das Leitungspersonal

V/3 Interkulturelle und kreative Kompetenz

Bildungs- und Sozialmanagement (BiSo)

Anke Jendahl

Kunst, Kultur, oder mehr? – Was ist Kreative Kompetenz in der Kindertageseinrichtung

15.08.2013

■ 3. Semester

Inhaltsverzeichnis

1. Einleitung

2009 war das Jahr der Kreativität und Innovation.

Der Begriff „Kreativität" ist in aller Munde. Kreativität als ein gemeinverständlicher Begriff in verschiedenen Lebensbereichen und als ein Zauberwort in Kunst, Medien, Politik, Gesellschaft und der Wirtschaft. Ebenso im Bildungs- und Erziehungswesen, wie im privaten Bereich. Überall wird Kreativität gefordert und gefördert. Bei Kreativität denken viele als erstes an kreative Produkte, wie Bilder oder handwerkliches. Gedanken oder Handlungen sind indessen ebenso kreativ. Kreativität ist beispielsweise die Problemlösungskompetenz. Sie nutzt uns in allen Lebensphasen und –bereichen. Dieser Einfallsreichtum gilt als Schlüsselfaktor für die Entwicklung persönlicher, beruflicher und sozialer Kompetenzen. Es beginnt in sozialen Gemeinschaftseinrichtungen durch Projektarbeiten, geht über in die Schulen bei der Heranführung und Umsetzung von Präsentationen der Schüler[1] und findet sich in der Ausbildung wieder, beim Erstellen von Projekt- und Hausarbeiten. Auch in der Berufswelt spielt Kreativität eine bedeutende Rolle, denn es gilt, egal, ob Angestellter oder Selbstständiger, als Mitarbeiter oder Führungskraft, immer wieder neue Visionen zu entwickeln. Bildungspolitisch ist in der Regel ein konkreter Begriff von Kreativität gemeint. Dies ist die Problemlösungskompetenz. Kreativ können auch in und durch Bildung unkonventionelle Lösungen für komplexe Probleme gefunden werden.

Kreative Köpfe werden heute überall gesucht. Nicht nur im künstlerischen Bereich, sondern auch in Wirtschaftsunternehmen. Nach Kreativität wird bei jung und alt Ausschau gehalten. Angeboten werden zum Thema Kreativität breit gefächerte Möglichkeiten. In Buchläden finden sich viele Titel mit dem Begriff „Kreativität" in der einen oder anderen Form wieder. Seminare, Freizeitgestaltung, Workshops für Erwachsene, als auch für Kinder im gestalterischen Bereich gelten als kreativ. Dies bedeutet, dass wir kreative Menschen suchen und wünschen. Aber, sind nicht auch Menschen kreativ, die mit bescheidenen Mitteln ihr Leben gut meistern kreativ? Sind nicht auch Kinder, die ein großes Lernpensum bewältigen kreativ?

---

[1] Aus Gründen der besseren Lesbarkeit, wird auf die Schreiweise „-er/innen" verzichtet. Diese Schreibform wird als Synonym für die männliche und weibliche Form vereinfacht verwendet und alle männlichen und weiblichen Personen sind gleichberechtigt angesprochen.

Offensichtlich ist der Begriff Kreativität nicht eindeutig besetzt. Es scheint also sinnvoll, sich den Begriff näher anzusehen, die Frage zu stellen: was ist Kreativität? Welche Begabung, welches Wissen und Können, welch intrinsische Motivation und Persönlichkeitseigenschaften besitzt, beziehungsweise benötigt ein kreativer Mensch? Was ist alltägliche und außergewöhnliche Kreativität? Wie können diese Fähigkeiten des Menschen gefördert werden? In wem wohnen diese Eigenschaften inne? Ausschließlich Künstlern und somit der Kunst, oder sind anderen Individuen ebenso kreativ?
Bis nach dem Zweiten Weltkrieg war Kreativität eine ziemlich gering erforschte Materie. Dies ist der der Tatsache geschuldet, dass die Kreativität oftmals der Fantasie gleichgesetzt und demzufolge eher Künstlern zugesprochen wurde. In der Pädagogik gab es zu diesem Zeitpunkt keine Gedanken zur Förderung der Kreativität, da hier eher die ästhetische Bildung eine Rolle spielte, welche sich allerdings veränderte. Die Frage ist: wodurch wurde die Kreativitätsforschung initiiert? Nach Braun ist: „Kreativität kein Phänomen, das auf Grund eines pädagogischen Interesses ins Zentrum von Forschungsbemühungen gerückt ist, sondern der Beginn der Kreativitätsforschung entstand aufgrund eines Machtwettbewerbs der Weltmächte" (Braun 2011,S. 13). Außerordentlichen Einfluss hatte das Ereignis des Sputnikschocks auf die Kreativitätsforschung. Darunter versteht man die Gesellschaftspolitische Reaktion des Westens während des Krieges der USA mit der UdSSR und die Entwicklung der amerikanischen Raumfahrt nach dem Start der ersten künstlichen Erdsatelliten Sputnik 1957 durch die Sowjetunion. Weiterhin beschreibt Braun, dass folglich die Russen die Ersten im Weltall waren und der Wettbewerb um die Vormachtstellung im Universum begann (vgl. Braun 2011, S. 12f). Braun (2011) erklärt, dass die USA nun die Kreativität im Denken und Handeln des Menschen erforschen wollte, denn so könnte man sie gezielt in Bildungs- und Erziehungsprozessen fördern, damit eine Gesellschaft viele kreative Persönlichkeiten hervorbringen kann. Joy Paul Guilford (1949 Präsident der American Psychological Association) erhielt von der NASA Forschungsmittel, um genau diese Kreativität des Menschen zu erforschen. Die Idee war, dass die Gesellschaft in Zukunft viele kreative Menschen hervorbringt und in der Lage ist, in Wissenschaft und Kunst eine Vorrangstellung zu erzielen.

Ziel dieser Hausarbeit ist die Bedeutung von Kreativität im pädagogischen Kontext darzustellen. Beginnend mit der Erläuterung des Begriffes der Kreativität in seiner multiplen Interpretation. Im zweiten Schritt wird diese Arbeit sich damit beschäftigen, wie kreative Fähigkeiten gefördert werden können und welche Konsequenzen sich für die pädagogische Arbeit daraus ergeben.

2. Begriffserklärung Kreativität

Hier ist die Annäherung an den mehrdeutigen Begriff Kreativität.

„Kreation = Modeschöpfung; veraltet für Erschaffung“

„kreativ = schöpferisch“

„Kreative = schöpferisch tätiger Mensch“

„Kreativität = schöpferische Kraft“

(Duden 2006, S. 610)

Sprachgeschichtlich lässt sich der Begriff Kreativität aus dem Lateinischen von „creatio“, d.h. die Schöpfung, bzw. „creare“ d.h. zeugen, gebären, schaffen herleiten.
Etwas Neues erfinden: Kreativität ist, so Braun, die Fähigkeit des Menschen, der Anpassung an vorhandene Lebensbedingungen, sowie die Einwirkung, Entdeckung, das Schaffen und Produzieren mit/von Neuem und somit die Veränderung der Lebensbedingungen (vgl. Braun 1999, S. 19).
Das amerikanische „creativity“ umfasst nicht nur Schöpfung, sondern kreative Methoden, kreative Techniken und kreative Geisteshaltung.
Individuelle Kreativität besagt, dass der Einzelne unbeirrt von Akzeptanz und Ablehnung seine individuelle Kreativität verfolgt und das Selbstbild zum individuellen Handeln dadurch beeinflusst wird (vgl. Braun 1999, S. 23).
Kreativität ist die Kompetenz, Problemstellungen auch dann angemessen lösen zu können, wenn auf keine Erfahrung der Lösungen zurückgegriffen werden kann und das Problem anderweitig gelöst wird (vgl. Braun 1999, S. 24).
Kreativität ist auch Freude am schöpferischen Tun. Sie dient ebenso dem Zweck der Problemlösung, aber nicht nur. Spielerisch, wie auch phantasievoll und imaginär begegnen Kinder im schöpferischen Tun der Kreativität (vgl. Braun 1999, S. 25).
Kreativität als aktives Lernen folgt aufgrund charakteristischer Fertigkeiten, Techniken und Verfahren der Entwicklungsbereiche. Durch vielfältige kreative

Erfahrungsmöglichkeiten in Kunst, Musik, Tanz, Rollenspiel, usw. können Kinder visuelles Vorstellungsvermögen entwickeln, kreativen Ausdruck gestalten, Fertigkeiten erlangen, die zum späteren Schriftspracherwerb vorbereiten und sich mit der eigenen Person und der Umwelt kreativ auseinandersetzen. Des Weiteren führt Kreativität zur Entwicklung von Motivation, Selbstvertrauen, Lerninteresse, Selbständigkeit und Ausdauer.

Guilford versteht unter Kreativität ein Verhaltensmuster, das Flexibilität und Einfühlungsvermögen, Flüssigkeit des Denkens, Fähigkeit zur Produktion von Ideen Fähigkeit zu mühelosem Veränderungen von Bezugsystemen und das Vermögen zu Umorganisation bzw. Neudefiniton von Formen voraussetzt (vgl. Landau 1969, S. 13). Er vertritt somit den Standpunkt, dass Kreativität als Problemlösungskompetenz aufzufassen ist. Somit wäre Kreativität eine rein kognitive Struktur, die das Denken als Ausgangspunkt voraussetzt. Brodbeck versteht ebenfalls die Kreativität des Menschen als komplexe geistige Dimension, welche unterschiedliche kognitive Fähigkeiten voraussetzt und in Handlung mündet (vgl. Brodbeck in Braun 2011,S. 16.) Preiser hingegen betont, dass Faktoren der Kreativität primär nichts mit planmäßiger Kognition zu tun haben. „Nach Preiser sind die plötzliche Eingebung, die unplanbare und unerklärliche Inspiration, durch die unbewusste Erkenntnisse plötzlich an die Oberfläche gelangen, als Faktoren der Kreativität zu sehen, die ebenfalls Lösungen produzieren (Preiser 1976 in Beudels et.al. 2010,S. 141)." Landau ist der Auffassung, dass der Begriff Kreativität in individuelle und soziale Kreativität unterteilt werden muss. Sie spricht von individueller Kreativität, wenn das neue auf die Erfahrungswelt des Individuums – und von sozialer Kreativität, wenn es auf die Kultur bezogen wird. Sie betont dabei, dass die individuelle Kreativität für die Entwicklung des Individuums lebenswichtig und als Voraussetzung für die soziale Kreativität zu sehen ist (vgl. Landau 1969, S.10).

Nach Braun ist Kreativität das Phänomen menschlicher Lebensgestaltung, das mit Kopf, Herz und Hand geschieht. Sie ist der Auffassung, dass Kreativität Bildung ist (vgl. Braun 2007, S.8). Mit ihrer möglichen Definition von Kreativität stellt sie einen Bezug zu Bildung und somit zu Bildungsprozessen her und wirft somit die Frage auf, welchen Herausforderungen sich die Pädagogik diesbezüglich stellen muss.

Nach Csizkszentmihaly muß man vorab eine Fähigkeit entwickeln, um zufällige Ergebnisse in einen Flow umzuwandeln. Dieser Flow treibt Menschen zu Kreativität an. (vgl. Csizkszentmihaly 2007, S. 279)

3. Theoretische Grundlagen

3.1. De Bonos Theorie

Der britische Psychologe und Schriftsteller Edward de Bono ist als Entwickler der Denk- und Kreativitätsmethoden für sein Konzept des „Lateralen Denkens" und seine Sechs Denkhüte bekannt. Kreatives Denken gewinnt mit der lateralen Methode. Dieser von Edward de Bono entwickelte Ansatz stellt eine wichtige Ergänzung zum gewohnten Denken dar. Laterales Denken distanziert sich von Gewohnheiten; laterales Denken „ver-rückt". Beispielsweise verändert dieses Denken bestehende Muster, versucht neue, vielfältige Möglichkeiten zu eröffnen und alte Strukturen zu zerlegen, um vorhandene Informationen freizulegen. Das Ziel des lateralen Denkens ist das Finden von Lösungen für unsere Bedürfnisse und Werte und diese in die Tat umzusetzen mit beispielsweise dem Suchen von Alternativen und dem Wechseln von Denkmustern. Nach de Bono geht es beim lateralem Denken darum, die Wahrnehmung zu ändern und an der neuen Wahrnehmung festzuhalten (De Bono 2002, S77). Die Schöpferkraft beschreibt diese Fähigkeit. Dafür ist ein Kontext zu schaffen, in dem die Ideenschmiede sich entfalten kann. Nach de Bono ist dieser Einfallsreichtum eben kein rein zufälliger, sondern ein größtenteils unvorhersehbarer Prozess. Sind die Lösungsmöglichkeiten zu eng gesteckt, kommt es ehr zu einer Nicht-Lösung. Assoziationen und Phantasie gedeihen besser in einer lockeren und weniger zielstrebigen Umgebung. Wir kennen alle die Situation, wenn wir etwas suchen finden wir es nicht. Suchen wir nichtmehr danach, läuft es uns über den Weg. Genau das ist hier gemeint. De Bono bezeichnet diese Menschen als im Rahmen ihrer speziellen Wahrnehmung schöpferisch (De Bono 2002, S. 77). Aus de Bonos Sicht ist laterales Denken ein Musterwechsel innerhalb eines musterbildenden Systems (De Bono 2002, S. 77). Der Perspektivenwechsel lässt eine andere Sicht auf die Dinge zu. Neues kommt hinzu, indem das Ausprobieren von Unterschieden zustande kommt. Erkenntnisse stammen von Erkennen und das tun wir in Denkmustern, die wir kennen. Neue Erkenntnisse resultieren aus geänderten Gewohnheiten, aus Wahrnehmungsänderungen, aus Perspektivenwechsel. De Bonos steht für ein umfangreiches Methodenprogramm, um kreativ zu sein, um die Ecke zu denken. De Bono sieht den Begriff „Kreativität" als kritisch an, da seiner Meinung nach der Begriff ein Werteurteil darstellt. De Bono bezeichnet das laterale Denken als einen neutralen Prozess (vgl. De Bono 2002, S. 78). – dieser Prozess ist somit wertfrei.

De Bono unterteilt Menschen in zwei Kategorien. Auf der einen Seite stehen die intelligenten Menschen, die oft Konformisten sind. Sie lernen also die Spielregeln und nutzen diese, um ein angenehmes Leben zu führen. Auf der anderen Seite die Rebellen, denen er die Kreativität zuschreibt, dass sie sich aus unterschiedlichen Beweggründen nicht an Regeln halten können oder wollen. „De Bono trifft die Aussage, wenn wir die Kreativität in Gestalt des lateralen Denkens als nüchternen Teil der Informationsverarbeitung behandeln, kann das paradoxe Folgen haben: Konformisten werden möglicherweise kreativer als Rebellen, weil Konformisten zugleich die Regeln der Kreativität besser beherrschen (De Bono 2002, S. 78) Wenn Kreativität jedoch kein Risiko mehr darstellt, sieht er die Möglichkeit, dass dann Risikoscheue vielleicht beschließen, kreativ zu sein (vgl. De Bono 2002, S. 78f).
Neben Eduard de Bono ist Joy Paul Guilford zu nennen.

3.2. Guilfords Modell

Der amerikanische Persönlichkeits- und Intelligenzforscher Joy Paul Guilford gilt als Begründer der Kreativitätsforschung. Kreativität dient bei Guilford als Konzept zur Ermittlung exzeptioneller Lösungsverfahren für Probleme, kreativ und individuell. Kreativität sollte darstellbar und messbar werden. Er kam 1950 zu der Erkenntnis, dass Kreativität nicht mit den bisherigen Intelligenztests gemessen werden kann. Kreativität wird nach Guilford durch grundlegende psychische Merkmals erfasst: Seine Forschungsintension bestand darin, Einsichten über Faktoren und Fähigkeiten kreativen Verhaltens zu gewinnen. Um kreatives Verhalten messen zu können, entwickelte er Testbatterien. Er versuchte mit Hilfe statistischer Methoden, insbesondere der Faktoren-Analyse die einzelnen Faktoren und Fähigkeiten zu erhalten.

4. Die Bedeutung von Kreativität im pädagogischen Kontext

Durch Guilfords Theorie, in der Kreativität als Problemlösekompetenz bestimmt wird, die das Denken als Ansatz angibt und somit als reine kognitive Gestaltung bezeichnet wird, müsste der Kreativitätsförderung in der Pädagogik der frühen Kindheit, eine weitaus größere Bedeutung zugesprochen werden, als bislang angenommen. Guilfords Arbeiten haben entscheidend dazu beigetragen, dass die neuere Psychologie von einem veränderten Kreativitätsbegriff ausgeht, denn

Kreativität geht keineswegs von einem Privileg des Künstlers aus. Somit unterliegt es der quantitativen Beeinflussung durch die Umwelt und ist daher einem Erziehungsprozess zugänglich.
Der kindliche Forschergeist, die Wissbegier und die Fantasie des Kindes sind Hinweise auf das kreative Potential eines Jeden. Wiederholungen, Beharrlichkeit und vertieftes Verhalten beim Lernen zeigen dies. Kinder nutzen ihre Fantasie und Vorstellungskraft und entwickeln Ideen um sich ihre Wirklichkeit und Welt anzueignen. Sie sind vorurteilsfrei und sammeln durch ihre Spontanität Erkenntnisse, die ihre Leistungen in der Kreativität begünstigen.
Für Lern- und Bildungsprozesse benötigt das Kind übergreifende Kompetenzen. Kreativität ist eine übergreifende Kompetenz, denn sie ist ästhetisch, problemlösend und innovativ. Kreativität erfolgt mit sich selber und mit anderen. In jeder Lebenssituation sind Menschen gefordert, adäquat für die Aufgabe eine Lösung zu entwickeln, wenn die bestehende Lösung nicht geeignet ist. Bei Kindern existiert von vorn herein noch keine Lösung als vorgefertigtes Muster im Kopf, so dass sie kreativ an die Aufgabe herangehen und ihre Lösung ideenreich schaffen. Es bleibt offen, auf welche Weise die Lösung erfolgt, Methodik und Didaktik bestimmt das Kind, wenn es vertieft und zeitlich frei seine Lösung, eventuell durch bereits erworbene Kompetenzen, entdeckt.
Machen wir uns in der Pädagogik deutlich, wie wichtig die übergreifenden Kompetenzen sind, entdecken wir, wie bedeutsam die Förderung der Kreativität in allen Kontexten von Lern- und Bildungsprozessen ist. Um unterstützend dazu beizutragen, dass sich eine kreative Persönlichkeit entwickelt, sollte das frühkindliche Potenzial gesehen werden. Die kreative Persönlichkeit ist selbständig, denkt und handelt eigenverantwortlich. In der Pädagogik bedeutet dies, dass das Vermögen eines jeden Kindes, ein kreativ denkender und handelnder Mensch zu sein/werden, in der frühen Kindheit entdeckt, erkannt und gefördert werden sollte. Die Kreativität sollte geschätzt werden. Die verschiedenen Anforderungen des Lebens im privaten und öffentlichen, im individuellen und sozialen Raum verlangen Kreativität. Problemlösungen für sich und andere zu finden, zu entwickeln und sich entwickeln zu lassen, ist die Aufgabe, der wir uns als pädagogische Fachkräfte stellen. Kleinkinder analysieren ihre Um- und Mitwelt. Die Kinder in den Kindertageseinrichtungen lernen, indem sie ihre Umgebung zu "begreifen" versuchen. Sie stellen sich selbst und anderen Fragen, um Probleme zu lösen.

Pädagogisch gesehen ist die Kreativität eine Lebensgestaltungskompetenz. Der Erzieher stellt hierfür individuell das Material mit Aufforderungscharakter zur Verfügung und vermeidet vorgegebene Muster.
Braun sagt: Kreativität bedeutet die Kompetenz, Problemstellungen befriedigend und angemessen auch dann lösen zu können, wenn keine bereits erprobten und vorgezeichneten Lösungen vorhanden, anwendbar oder akzeptabel erscheinen (Braun 2007, S. 32).
Es reicht demzufolge nicht aus, einen Kreativtisch im Gruppenraum oder ein Atelier in der Institution einzurichten und dies als Förderung der Kreativität bzw. als Einleitung kreativer Prozesse anzusehen. Vielmehr sind wir dazu angehalten diese kreativen Denkprozesse, also das divergente Denken zu fördern. In die Praxis umgesetzt würde dies nach Braun bedeuten: Kinder wollen keine fertigen Antworten, sondern selbst Fragen stellen. Sie wollen nicht belehrt werden, sondern die Chance erhalten, selbst zu lernen. Sie wollen die aktive Auseinandersetzung mit der Umwelt und dazu gehören Fragen und Antworten (vgl. Braun 2000, S.13).

5. Fazit und Ausblick

In dieser Arbeit konnte festgestellt werden, dass Kreativität alles andere ist, als die immer dahinter gesehene produktive, sichtbare, künstlerische Ader. Dies Ergebnis ermuntert zur weiteren Reflexion. Kreativität lässt sich nicht so einfach anschauen und trainieren wie eine Sprache oder sogar auswendig lernen, wie ein Gedicht. In der ansteigend globalisierten Welt wird die Zukunft unserer Kinder davon bestimmt sein, sich immer mehr Wissen in kürzerer Zeit aneignen zu können. Sie werden sich als junge Erwachsene ganz selbstverständlich in mehreren Sprachen unterhalten können und genauso selbstverständlich werden sie sich in verschiedenen kulturellen Kontexten bewegen können. Sie werden sich als Weltbürger zu verstehen haben, die mit Hilfe ihrer Kompetenzen in der Lage, mit Veränderungen kreativ umzugehen. Sie werden selbstverständlich und selbständig neue Lösungsansätze zu finden. Daher ist es die Aufgabe der Eltern, Erziehern und Lehrern den Kindern Freiräume für kreative Prozesse zu schaffen. Die Fördermöglichkeiten der Kreativität sind gerade im Kindes- und Jugendalter besonders ausbaufähig, denn Kinder verfügen durch ihre Dispositionen wie Forschergeist, Wissbegier und Fantasie und ihre hohe Antriebskraft über einen natürlichen Katalog kreativer Persönlichkeitsmerkmale verfügen. Somit besitzen Kinder ein erkennbares Maß an Kreativität, welches nun in der Kindertageseinrichtung durch eine angemessene Förderung weiter begleitet, herausgekitzelt, unterstützt oder sogar angetrieben wird. Kinder haben die Möglichkeit, ihrem kreativen Kompetenzen freien Lauf und Denkmustern entstehen zu lassen. Der „kreative Prozess“ ist ein umfassender Prozess, der sich aus einem vielschichtigen Geflecht von Rahmen, Einfluss, Vorgang und Individualität zusammensetzt.

Kreativität ist folgenreich für viele verschiedene Bereiche des alltäglichen Lebens und spielt eine zentrale Rolle in der Bildung. Die vorhandene Kreativität ist entscheidend für viele Bildungsprozesse und folglich für den Erfolg in der Lebens- und Arbeitswelt. Besonders in und für Erziehung hat Kreativität eine auffallende große und vielfältige Bedeutung, da kreative Problemlösungen und kreatives Denken und Handeln in fast allen Lebenslagen erforderlich sind. Kreativität sollte daher in umfassenden Konzepten gezielt gefördert werden. Eine allgemeingesellschaftliche Relevanz von Kreativität als Innovations- und Fortschrittspotential sollte dabei ebenso im Vordergrund stehen wie die individuelle Kompetenz der Kreativität. Eine kreative Persönlichkeit entwickelt sich nur in einem Umfeld, das Kreativität verlangt und ermöglicht. Kreativitätsförderung im Sinne einer kreativitätsfordernden Umgebung sollte demnach schon möglichst früh einsetzen, also in den Bildungseinrichtungen im frühpädagogischen Bereich, dem Elementarbereich.

Wenn Kreativität heißt, neue Ideen auf unterschiedlichen Wegen ausprobieren, oder Grenzen erweitern und Möglichkeiten erforschen, Dinge auseinanderzunehmen und anders zusammenzusetzen, zu phantasieren und zu träumen, Fragen zu stellen und und Probleme zu lösen (vgl. Crowther 2005, S. 337), dann haben wir in den Einrichtungen den richtigen Weg eingeschlagen. Folglich sollte dieses Denken der Problemlösung in den weiterführenden Bildungseinrichtungen fortgesetzt werden. Dafür benötigen wir Wissen, Zeit, kleine Lerngruppen und die Umwelt.

Literatur

Braun, D. (1999). Handbuch Kreativitätsförderung. Theorie und Praxis für die Arbeit mit Kindern. 1. Auflage. Freiburg: Herder Verlag

Braun, D. (2000). Mit Kindern forschen und erfinden: neue Vorschläge für den Kindergartenalltag. 1. Auflage. Freiburg: Herder Verlag

Braun, D. (2007). Handbuch Kreativitätsförderung. Kunst und Gestalten und der Arbeit mit Kindern. 1. Auflage. Freiburg: Herder Verlag

Braun, D. (2011). Kreativität in Theorie und Praxis. Bildungsförderung in Kita und Kindergarten. 1. Auflage. Freiburg: Herder Verlag

Crowther, I. (2005). Im Kindergarten kreativ und effektiv lernen – auf die Umgebung kommt es an. 1. Auflage, Weinheim und Basel: Beltz Verlag

Csikszentmihalyi, M. (2007). Flow, Das Geheimnis des Glücks. 13. Auflage, Klett-Cotta Verlag

De Bono, E. (2002). De Bono's neue Denkschule. Kreativer denken, effektiver arbeiten, mehr erreichen. 1. Auflage, München: mvg Verlag

Dudenredaktion (Hrsg.) (2006). Duden – Die deutsche Rechtschreibung. Das umfassende Standartwerk auf der Grundlage der neuen amtlichen Regeln. 24. Auflage, Mannheim: Duden Verlag

Landau, E. (1969). Psychologie der Kreativität. München/Basel: Ernst Reinhardt Verlag